우리의 커튼콜은 코끼리와 반반

우리의 커튼콜은 코끼리와 반반

시인수첩 시인선 064

임효빈 시집

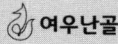
여우난골

| **시인의 말** |

시를 견뎠다

앞선 시인이 옥, 패, 경을 그렸듯 규와 은과 K를 곁에 둔다

사위지 않을 빛과 빛

나를 견뎌야 할 시

2022년 10월
임효빈

| 차례 |

시인의 말 · 5

1부

베를린 침대 자전거 · 15

나는 알 바 아니다 · 17

그대와의 키스를 세어 봐요 · 18

반면 · 20

초록 옥상 · 22

램프 이야기 · 24

어느 날 우편함 · 25

입문 · 26

도서관의 도서관 · 28

별별 이야기 · 30

그 여름 · 32

검은 여백 · 34

2부

몇 번 죽어야 할 신화 · 37

곡선은 시작의 반성이다 · 38

세 번째 알람 · 40

불임의 봄밤 · 42

기분이 같은 문은 없었어 · 44

슬쩍 훔쳐보는 건 틀린 걸까요 · 45

무인 삼각 · 46

흔들의자 · 48

블루문을 열다 · 50

나를 먼저 닦고 싶었지만 · 51

전용 스크린을 펼쳐 봐 · 52

몇 번 찔렀을 뿐인데 · 54

당신의 밤은 6펜스 · 55

3부

한 줌 모래가 흩어지고 · 59

나는 날마다 파혼한다 · 60

뒤척이는 · 62

코끼리는 마지막 카드를 보았을까 · 64

에어기타 · 66

뼈를 묻다 · 67

대관람차 · 68

끝에서 끝으로 · 70

대행하지 않습니다 · 72

타나토라자의 축제 · 74

덧 · 76

잠시 멈춤 · 78

맡겨놓은 이름 · 80

4부

수서 · 83

시소 · 84

여름이 지나고 있다 · 86

깃털의 클리셰 · 88

흔들리는 초록 · 90

빌런을 위한 세레나데 · 92

좌탈입망(坐脫立亡) · 94

오리의 다비식 · 96

보신 · 98

봉길이 삼촌 · 100

텀블러 · 101

타오르는 시선들 · 102

해설 | 신수진(문학평론가)
계몽과 갱신의 시 쓰기 · 105

1부

베를린 침대 자전거

강의 수면이 반짝이는 베를린에서 헤어졌다

슈프레 강가에서
불어난 물처럼 짖고 있는 두 마리 개를 보았다
개들의 예민한 꼬리는 끊임없이 어떤 기호를 보내고 있었지만 강물과 섞이지 않았다

멍멍,
강을 옆에 놓고
개의 젖은 눈처럼 싸웠지만
눈물이 흐른다고 말하는 나와 개의 눈물은 미완일 뿐이라고 말하는 당신

그런 당신의 눈물을 개들이 보는 순간 강물이 뒤척였다

우리의 사랑은 맞을 거라 했지만 심장이 불규칙해 프로크루테우스가 지켜보는 곳에서 사람을 탓할 뿐이었다

약간의 흔들림에도 이층의 잠이 무너지고 나는 불어난 물처럼 흘러넘쳐 아슬아슬하게 커브를 돌았고

우리는 눈물의 함량이 같아질 때까지 베를린 침대 자전거를 탔다

등이 등을 밀면서

나는 알 바 아니다

　휙, 얼굴을 강타한 햄버거였어요 직구였거든요 변화구였다면 약간의 낌새를 챘을지도 몰라요 햄버거가 무안해하죠 속이 쏟아진 거죠 쏟아진 속으로 나와 햄버거는 붉은 거예요 바닥에 떨어진 얼굴은 누구의 얼굴일까요 지나가던 개가 피해 갑니다 나는 툭툭 털어요 질문은 사절입니다 속이 속이 아닌 나를 당신이 자꾸 물어요 착하게 물려서 답할 수가 없어요 내가 묻고 싶어요 당신은 어디서 굴러온 뼈인가요 통뼈라도 나는 알 바 아닙니다 그러니 굴러가세요 굴러가다 보면 사거리가 나와요 당신이라면 빨간 신호등도 푸른 신호등으로 보일 거예요 성격이니 그냥 가도 무방합니다 다만 당신 안의 개는 데려가세요 지나가는 개도 알 바 아니라고 하잖아요

그대와의 키스를 세어 봐요

프렌치였을까
거품이었을까

딥, 딥, 딥

느낌을 살려봐 다른 입이 혀끝에 묻어 있군 더듬다 만, 백 번째 비명의 서늘함과 몸의 쾌(快)가 몇 번의 번지드롭을 하던 그 느낌처럼 찾아봐 기억이란 점프의 오류를 범하는 회로이니까

버려진 첫 키스의 소환
패러디의 이름으로 또 다른 얼굴을 찍는다

불현듯 2막으로 조각을 맞추지는 마 다른 입술의 배경에 흠이 생기고 있어 보고픈 건 나와 그대와의 키스를 바라보는 너의 푸른 볼˚ 기어코 500번의 키스를 거두어 재생해야만 해 짧은 기억과 주름진 기억과 가면 속 기억의 모서리에 닿으면 되겠니 예민한 요일에 숨은 이야기

는 없어 다 아는 비밀 보장이야

그러니 그대와의 키스는 너에게 맡길게

* 제프쿤스의 작품 소재.

반면

보여줄 게 있다는 거니?

너의 뒤집기는 되풀이되고 그때마다 달랐다 밀랍 증후군의 실마리처럼

너를 위해 너는 친절히 다가왔다 떨어지는 플라타너스 잎처럼 뒤집히기도 하였지만 거울의 앞과 뒤를 살피며 왔다 그 옆에서 한 아이가 술래놀이를 하고 있다 숨다가 찾다가 네가 던진 이파리에 걸려 넘어지자 너는 쾌활하게 웃고 슈트 자락이 아이를 덮었다 아이의 심장을 가린 이파리처럼 너의 웃음은 위험했다

아이는 일어서며 괜찮다 했고 덮었던 슈트가 약간 헐렁해졌다 꿈꾸기 위해 꿈꾼다는 아이는 거짓말처럼 정직했다

그러는 동안 너는 잠깐 너를 잊고 손뼉을 치는 바람에 방향을 알게 되었다

묻지 않는 이야기는 듣지 않는 게 낫다

멀어지는 뒷걸음처럼

초록 옥상[*]

초록 옥상의 여자, 그렇게 부르는 건 문틈으로 빛을 따라온 나방을 죽이는 것과 같다 초록은 희망의 희망이 아니다 옥상에서는 빌린 초록이 떨어지고 여자의 애인은 빈번하게 바뀌었다 헤드록을 거는 애인, 담배 연기로 오는 애인, 먹빛 비룡의 얼룩진 비늘로 오는 애인, 새벽을 찢는 애인의 노랫소리가 들릴 때면 옥상은 투명한 계단을 닫았다

부재중인 사람은
빌려올 수 없었고

여자는 길 건너 불빛에 눈을 감는다 폭죽 소리와 함께 불의 꽃이 죽어가고 있다 사람들은 꽃들에 입 맞추며 함께 죽고 다시 소멸된다 여자는 죽음의 인파 속을 횡단한다
이봐요 노랑 부리에 보랏빛 날개를 가진 새를 보지 못했나요 나의 새들은 왜 모두 사라질까요

부재한 무덤들,

초록 옥상에 잠든 여자
빨랫줄엔 노란 원피스의 꽃무늬가 바람에 날고 죽은 선인장 화분은 흔들림을 멈췄다

난간에 기댔던 여자의 시퀀스**가 한여름의 크리스마스처럼 흘러가고 있다

---

* 페친(페이스 북) 김미옥 님의 글에서 가져옴.
** 장(chapter)에 비유되는 영화의 용어.

램프 이야기

 그린란드 이누이트족은 성자처럼 산다지 삼백예순다섯 날 물개 기름 램프를 켜놓은 이글루는 성전이 된다지 그을음 없는 어깨와 어깨를 비벼 온기를 지핀다지 성전의 문을 열고 입김을 뱉어내면 난기류도 기침을 멈춘다지 자신들을 날것으로 여겨 어느 것도 익히지 않는다지 천천히 혹한의 뿔을 살피고 두 손을 모아 기다릴 뿐 벗겨질 껍질에 대해선 말하지 않는다지 물개 기름 램프는 꺼지지 않을 침묵만 피운다지 그림자를 태워 성전의 심장을 만든다지 한 사람의 그림자가 다 탈 때까지 생각의 재를 쓸 방법에 대해서 고민한다지 고민의 시간이 쌓여 이글루 안은 푸르게 희다지 어둠이 바다사자와 물개 피를 마시며 이글루를 지키다 그중 하나의 울음이 빙하를 적시면 떠난다지 이누이트족은

 그들의 발자국에 성호를 긋는 램프를 켜놓고

어느 날 우편함

 우편물 더미에서 내가 말을 꺼냈을 때 너는 없었다 쿵쿵 아무 말이나 던지지 마 이제 비웃음의 조각들이 날아갈 것 같아 너의 부재를 알리는 날인이 빠져 있어 속달 같은 소문은 여기까지 와 있는데 변명은 누구의 몫일까 뒤집을 수 있겠니 그다음을

 빈 소리에도 귀를 닫듯 한동안 너의 입을 좀 닫아줄래? 이건 미발송된 이야기니 뜯기 전에 돌려보낼게 돌아가 돌아오지 않았으면 해 행낭은 자주 끈을 풀고 너는 왜 파산의 파피루스를 품으며 숨었을까

 노란 안내문이 붙기 시작했다

입문

클래식을 들으면 상상력과 두뇌가 좋아진대

정말 좋아졌냐고요? 그랬다면 세상에 천재들이 널렸겠지요 암튼 잘 듣고 있습니다

백 권의 시집을 읽으면 영혼이 맑아진대

첫 장부터 끝까지 읽었는데 아무것도 없네요 덕분에 마지막 페이지에 제 생각을 꽂아놓았습니다 그러니 제 시집은 가장 나중에 읽어 주시길

사랑에 빠져 키스를 많이 하면 예뻐진대

예뻐졌냐고요? 성형외과 병원 앞은 날마다 문전성시를 이루고 있어 아직 못 갔습니다 일회용 사랑이냐고요? 의심하지 마시길

사과를 먹지 않는 건 꽃이 예뻐서라고 하는 남자처럼

일방적 입문이었습니다

도서관의 도서관

한 노인의 죽음은 한 개의 도서관이 사라지는 거라 했다

누군가 한 권의 책을 읽을 때 나는 열람실의 빈 책상이었다 책상은 내가 일어나주길 바랐지만

누군가의 뒤를 따라갔으나 나의 슬픔은 부족했고 무수한 입이었으나 말 한마디 못했고 소리 내어 나를 읽을 수도 없었다

대여 목록 신청서에는 첨언이 많아 열람의 눈이 쏟아지고 도서관은 이동하기 위해 흔들렸다

당신은 이미 검은 표지를 넘겨 놓았고

반출은 모퉁이와 모퉁이를 닳게 하여 손이 탄 만큼 하나의 평화가 타오른다는 가설이 생겨났다

몇 페이지씩 뜯겨나가도 도서관 첫 목록 첫 페이지엔 당신의 이름이 꽂혀 있어

 책의 완결을 위해 읽을 수 없는 곳을 읽었을 때 나는 걸어가 문을 닫는다

 도서관의 책상은 오래된 시계를 풀고

별별 이야기

 사람들은 푸르러야겠는데 소문이 번진다
 푸름에서 색이 사라지고 사람만 남았다 색을 따라나선 사람들

 어디로 갔을까?

 시간의 문고리를 누구에게 맡겼을까 돌아와 열 수 있다는 믿음이 생긴 걸까 세상 밖에서도 들을 수 있다는 별별 이야기처럼 별이 낸다는 그 수많은 소리를 데려올 수 있을까

 색은 자주 파랑(波浪)을 가져온다고 한다
 파란 문은 이름 하나 내걸지 않은 말의 눈

 갓 싹튼 어둠에서 소문이 사라진 말을 모두 말해줄 수 있을까

 무수한 소리에도 흔들리지 않게

깜빡이는 별을 들춰보지 않게

깍지 풀고 별이 사라진 아침
사람의 몇 번째 문을 열어봐야 할까

누군가 되돌아오는
별별 이야기

그 여름

왼쪽으로 누우면 네 목소리가 들려
오른쪽으로 돌아눕는 버릇이 생겨났다

둥글게 말고 자면 꿈속으로 내가 갈게
액자 속에서 웃는 네가 말하는 것 같다

둥글게 말수록 꿈은 길고 오래갔으나 너는 없었다

식탁 위
시들어가는 사과 반쪽을 밀치며 그 여름을 생각했다

우리가 탄 기차는 자주 덜컹거렸고
한 모금 목을 축이고 올려놓은 캔 맥주가 흔들렸고
들어선 터널의 어둠에 저항할 수 없는 서로의 눈빛을 보고
창에 이마를 대고 있었다

마치 손을 놓친 우리처럼

더 둥글게 말아야 보일 거야 잡아볼 수 있는
다시 올 수 없는 그 여름처럼 액자를 뒤집었다

그날의 입맞춤이 남았는지
벽시계 소리가 크게 들린다

사과 하나를 집어 다시 깎는다

검은 여백

 세 번째 늑대가 울면 쓰라린 밤을 책장 속에 밀어 넣었다 거인은 페이지를 넘기다 최면에 걸린 듯 불안마다 휘청이며 젖었고 검게 쏟아지는 기분에 빠졌다 숨소리를 키울 수 없어 베란다 유리창에 집어던지고 창과 창 사이를 오가며 얼어붙은 시간을 떼 내기도 하였다 여럿인 세계에서 쉽게 사라지기란 어려운 일 늑대는 계속해서 태어났다 티나 모도티의 사탕수수가 불타듯 펼쳐진 들판에서 거인의 입에서 자란 늑대들을 누가 데려가는지 지켜볼 것이다 신성한 나무는 늑대들의 발자국에 밟힌 곳에서 계절풍을 꺼내기도 하였다 휘 쉬익! 양치기가 휘파람으로 양 떼를 몰아도 어둠만이 곧 잠들 것이다 나머지는 나로 채울 것이다

2부

몇 번 죽어야 할 신화

 아이들이 신화를 그린다 아이들의 제국엔 흩뿌려진 옥상이 있고 아이들이 쓴 일기장엔 밀랍 날개가 녹아내리듯 주술이 풀리고 있다 잠언은 고백의 장에서만 이루어져 우리의 미안함이 지상의 안녕 속을 구른다 오래된 신화는 쉽게 다가오지만 누구도 들여다보지 않는다 그때마다 어깨를 맞대고 쓰다 만 일기장을 꺼내 거꾸로 들어 보인다 신들의 옅은 미소가 새소리에 놀라 흩어진다 신화 속 신들은 어느 별에도 살지 않아 아이들이 수많은 별들을 끌어안고 뛰어내린다 오래된 신화는 몇 번 죽어야 산다

 아이들의 눈에 새로운 신들의 미소가 보이기 시작한다

곡선은 시작의 반성이다

두 달간 로드 매니저가 되어주실래요

백일 동안의 고민도 함께 할 수 있나요 파도타기 같은 상상이 필요하겠지만 날아간 나비처럼 끝나면 습관이 되겠죠 그러니 파장의 녹색 불은 켜지 마세요 위험한 시그널입니다

함정에 빠지는 일이 쉬웠다는 회고록을 써도 될까요

혼자 노는 굴뚝엔 끼고 싶지 않았어요 말 없는 의자가 될 수 없으니 서서 관람하는 마지막 공연처럼 문을 조금 열어두시길 첫 쓸쓸함을 위해 코너링을 해야겠죠 생의 문장들은 핸들을 두 손으로 잡고 항상 심장을 조심해야 해요 베스트셀러가 되기 전 샴페인이 버블버블 터질 수 있으니까요

몽상은 트릭이라고도 하죠 슬기로운 이중생활을 즐기려면 목차를 잘 감추어야 해요 불시 검문도 예정된 거잖

아요 악마를 죽이려다 천사가 죽었다는 회고는 이제 무섭지 않은 고해성사가 되었어요

당신이 많은 말을 하기 전에 나를 먼저 덮어야겠지만

세 번째 알람

새벽 네 시 삼십육 분
어둠에 미끄러져 내려온 시간

아는 사람처럼 다녀간 냄새가 남아있다

빙그르르 돌아 커튼을 젖힐 때
당신의 기침과 침 넘김 소리로 어둠의 귀가 닫힌다

오늘의 날씨가 날숨을 쉬며 일제히 벽을 잡고 일어나려 하고
골목을 배회하던 어제의 영혼들이 맥 빠진 일처럼 빠져나가고

밤새 안녕을 확인하겠다는 듯
불쑥 들어온 풍경을 향해 안개가 막간의 여유를 피워 올린다

시간을 헝클지 않고 지나가는 바람의 암묵적 예의에서

사이의 여백을 목격하면서

세 번째 알람을 끄기엔 미안한

시간의 완강함에
몸을 일으켜야 하는

불임의 봄밤

나의 bed는 불친절해요
그의 취향을 몰라 샤넬 넘버 5와 베르사체 향수를 뿌렸죠 배꼽은요? 치명적 향기잖아요 불친절도 휘발하는 마력이 있거든요 나는 늘어진 고양이가 아니라서 리드미컬한 몸을 타고 싶지만 통하지 않는 bad

색에 빠져들지 않는 봄은 버리고 우리의 불타는 봄밤을 낳자 했어요 머리맡 꽃향기에 출렁이는 나의 심장을 태양으로 데려가라 하네요 그는 씨앗을 키우지 않는 불임의 bad

나는 암막 같은 그의 꿈에 들어가 열정을 엎어버릴 작정입니다 펑퍼짐하게 꺼진 엉덩이를 일으키기 위해 스프링의 근육을 키울 겁니다 스위치를 눌러 자주 옷을 벗길 겁니다

큐브는 기억해요 입체적 조작을
나의 무심한 침대는 꿈마저 bad

분리불안으로 분리배출의 스티커를 붙이지 못하죠 기억의 큐브를 돌리려 미안한 웃음을 던지는 나의 bed

늘어진 고양이가 되어 뒹굴었고
다시 뒹굴어요 나는

기분이 같은 문은 없었어

 버스 안의 손잡이가 너를 향해 달리고 있었어 정류장에 정차하지 않아 일렁이는 말들의 표정에서 의미가 하나 둘 생겨났어 새겨들을 일이 아니라 역자나 옮긴이의 자리는 두지 않기로 했어 멈춤 버튼을 누르면 민감함이 먼저 열리고 다가올 현실은 문과 너무 가까워 지나치는 것은 모두 밖에 두고 싶었어 도어를 당기거나 밀기 위해 손잡이를 잡아야 했어 입구에 놓인 누군가의 걸음에서 종점이 궁금해지고

 버스가 교각의 모퉁이를 돌자 전광판은 누구의 것도 아닌 그날의 운세를 풀고 있었어 서로의 운세에 사람들은 서로를 바라보며 손잡이를 잡고 가까스로 버티고 있었어 등 뒤엔 수건돌리기의 술래처럼 짧게 스쳐간 누군가의 등이 남아있었어 잡은 손이 많아 손잡이가 하나의 기분이 될 때 반대편으로 버스가 지나갔고 너는 거기에 있었어

 손잡이를 놓았는데 기분이 같은 문은 없었어

슬쩍 훔쳐보는 건 틀린 걸까요

왜 그랬냐 묻지만 운명의 수레바퀴*가 손에 들렸던 건 바람의 아침 냄새 같은 거 아닐까요 별일 아니라 생각한 거죠 햇볕이 좋아 무심히 차버린 깡통 소리 같은 그런 거 말이에요 소리는 또 소리 없이 빙빙 도는 거잖아요 운명이 내게 오는 것도 그래요 13번 카드를 잡았다고 해봐요, 죽음으로 새로운 변화가 올까요 죽음은 이전에도 그 이전에도 있었지만 아직 죽지 않았거든요 서른두 개의 카드를 모두 집어 운으로 만들어 버릴까도 생각해 봤어요 운도 운명처럼 일회용 아닐까요 이리저리 한번 쓰고 말 눈을 굴리며 아침 맞을 궁리를 하겠죠 끝내주는 운을 맞을 사람과 그 사람 뒤에 서 있는 내게도 운은 잠깐 올까요 뒤돌아보면 운명은 모두 지나친 걸까요 뒤돌아보고 나면 나아갈 수 있을까요 슬쩍 훔쳐보는 건 틀린 걸까요

* 타로 점을 치는 카드 중 10번 카드의 의미.

무인 삼각

스침이었다

벗어 놓은 신발에 망설임이 여기저기 흩어져 있는데

너의 의심은 예보가 없어 하루를 더 기다렸지만 데려갈 시간에 묻은 얼룩은 쉽게 흘러내렸다 기대감이 사라진 우리의 운동장은 휘슬을 불기 전에 흔들렸다

시간이 부족했고 기분은 단체 사진처럼 나열되었다

야유회에서 이인삼각 경기는 발이 네 개고 걸음은 세 개였다 귀와 귀가 마주치며 뛰어가는 것을 바라보았다 보폭이 클수록 앞뒤가 나타났다 각은 결속이라 삼인이 된 나는 지나간 무리가 되고 귀가 나보다 무리에 가까이 닿았다 너는 거기부터 시작하고 나는 거기서부터 빠지고

모자를 쓰지 않은 망설임들이 마구 달렸다

무인 삼각이었다

흔들의자

베란다 앞 흔들의자가 흔들리다 그녀가 일어서자 현기증을 일으킨다

한 점 바람 없이도 휘청이는 그녀의 이력을 의자가 되짚어 본다

삶을 헛디딜 때마다 늘어난 주름이 전부다 한 치씩 삶의 물살을 다지고 또 다졌다

어떤 수사나 장식으로도 진열할 수 없는 그녀의 주름들

물기 없이 보존된 그녀의 자서로 남아 한 페이지씩 넘겨본다

더는 조여지지 않는 괄약근으로 픽션의 잔해들을 쏟아내고 이젠 불임의 부표가 출렁이는 뱃머리가 안온한 그녀

식탁 위 백색의 알약들이 그녀의 손에 닿자 헛구역질 하지만 흰 벽 프레임 속 한 여자가 등을 보이며 허물어진다

　흔들리는 손끝으로 물컵을 내려놓자 한 권의 제본이 마무리된다

　삐걱거리는 인터폰이 그녀의 마지막 기별을 전하고 그녀의 표제가 되고 싶은 흔들의자가

　흔들린다

블루문을 열다

 여자가 가죽 소파에 앉아 있다 닿지 않는 주파수로 한 남자와 교신을 시도한다 창백한 상상이 여자를 덮치고 주술사처럼 주문을 따라 들어가자 남자가 보인다 남자는 맹수처럼 질주하지만 이내 잡히고 만다 식어버린 남자는 여자 앞에서 두려움에 질려 주저앉는다 덥석 잡은 남자의 것이 손가락 사이로 시들시들 빠져나간다 여자는 내친김에 매직 카펫을 탄다 몸이 뜨거워진다 더 이상 한 남자 따윈 신경 쓰지 않는다 남자를 위한 향수를 쏟아 버리고 발톱을 뽑아 버린다 뜨거운 눈물이 쏟아지고 여자는 여자를 연주한다 느리게, 조금 빠르게, 점점 빠르게, 강하게, 반복! 여자는 환상의 오르가즘에 전율한다 뎅뎅뎅뎅! 새벽 4시를 알리는 벽시계 소리에 놀라 깬 손에는 흥건한 물기가 가득하다 한 남자는 여전히 돌아오지 않고

나를 먼저 닦고 싶었지만

싱크대에 놓인 접시들은 오늘의 할 일을 마쳐 먼 곳의 흔적이나 냄새를 궁금해 하지 않았다

스테이크를 썰던 나이프는 핏기를 씻어냈고 샐러드를 찍던 포크는 불쑥불쑥 튀어나오던 햇빛을 돌려보냈고 비스듬히 놓인 접시들은 오늘의 작심을 포갰다

멸치 대가리 하나가 싱크대 바닥에서 캄캄함이 되겠다고 눈 감고 있어

비릿해진 나는 닦는 일은 뒤의 일로 남겨두고

그 저녁의 남자를 돌려보내기 위해 단추를 채웠다

나를 먼저 닦고 싶었지만

전용 스크린을 펼쳐 봐

#
스크림*을 넘기면 컷, 컷
그녀의 식빵**은 방송용 슬랩스틱
한편으로 펼쳐지고 있어

플란다스 개가 그녀를 데리고 산책하지
너무 멀리 왔어 집으로 돌아갈 수 없는 거야

미장센은 가장 화려한 조명을 조명해
지폐 위조가 가장 쉬웠다는 사랑스러운 그녀
유리 천장에 박힌 그녀의 편력

##
공포는 흔한 백색이 아니야
조작된 대형 스코어 한 판을 기대해

스크린 도어를 열면 추락하는 무비는 만들지 말자
지문이 필요해 바람을 맞아도 태연한 척

###

무리 생활 영장류를 떠나
배후가 없는 무리를 꿈꾸고 있어
지독한 연애는 죽여주지 말았으면 좋겠어

신은 한 무리를 위해 끝나지 않을 전쟁과 평화를 찍지
오 마이 갓!

베드 신을 끝낸
여신은 케이크의 촛불을 싫어해

쏟아지는 흑백 화면의 엔딩 자막
스크래치도 사라지는

* 뭉크의 그림, 영화 제목.
** 방송에서 우회적으로 표현한 욕설.

몇 번 찔렀을 뿐인데*

  노래는 코인을 불러내고 동전은 잘 찔러야 하고 꽃잎은 관심조차 없는 꽃길을 낸다 꽃길의 전설 너머는 시리즈로 가는 터미널 그곳의 그림자는 영영 생기지 않아 노래는 나선형으로 살아있음을 증명하려 한다

  물결은 반나선형 물결을 따라가면 소용없는 소용돌이가 인다 그렇다고 소용돌이치는 죄목으로 판결을 내리진 마시길 칼로 몇 번 살짝 찔렀을 뿐입니다 스무 번도 안 된다고요** 수형 중이니 첫 물결을 찾을 필요는 없다 그래야 한꺼번에 불려 나온 아름다운 비굴에 동의하는 것이다 폭발은 한 번에 이루어질 때 가장 강하니 현장 검증에 동원된 빛의 파동을 잘 봐두시길 뒤섞여 마주친 눈을 확인해 주시길

---

* 멕시코 화가 프리다 칼로의 작품.
** 〈몇 번 찔렀을 뿐인데〉를 그리게 된 실제 살인범의 법정 진술.

당신의 밤은 6펜스

 당신이 비행하는 밤은 검은 찬란입니다. 몇 개의 날개를 접었습니까 다 접을 수 없는 세계입니다 군데군데 채울 단추는 준비됐습니까 당신은 열락의 소용돌이를 계산합니다 칩, 칩, 베팅에 터진 팝콘처럼 웃음이 튀어 오릅니다만 미끄럽습니다 조심하시길 딜 딜 달릴 뻔했습니다 스플리트*, 두 개의 문을 주문합니다 불빛을 가르며 밤의 제왕처럼 앉아 있습니다 팟팟팟 제자리에 익숙한 색의 꼬리가 보입니다 세지 못한 체불의 시간을 당겨와 팁 없는 내일을 거래합니다 마지막 판은 신에게 던지는 중입니까 당신의 신용이 슈 슈** 묻히기 전에

---

* 블랙잭 게임의 용어.
** 바카라와 블랙잭 게임에서 나눠줄 카드를 담는 케이스.

3부

한 줌 모레가 흩어지고

우리는 달을 보기 위해 막차를 탔어 누구나 봄날은 간다잖아 선을 넘어도 아슬아슬함은 당길 수 있어 사랑은 변하다 변하지 않는다 막차의 맨 뒷자리에서 입술을 지우고 초승달을 가리키던 너의 손이 나의 달을 가렸어 나를 위해 지운 문은 캄캄했어 처음으로 네게 돌아가는 길을 모르겠다고 했어 너는 해시시해시시 난독의 중독을 즐기고 있었지 사랑의 브레이크 타임에 제동이 걸리지 않아 뒤돌아선 달의 그림자가 사라진 걸까 너의 한숨에 흘러들어간 기억뿐이야 우리는 약속을 씹은 걸까 씹힌 걸까 실수는 반복되고 딱 한 번 하기 좋은 날이라 나는 오늘을 기록해야 했어 너의 어깨는 한쪽으로 기울지 않아 한낮의 소리 없는 정사에 풀어진 거지 잠시 후면 몇 온스의 이별의 무게가 시간의 난간에 걸터앉겠지 모레는 쉽게 흩어지고 네가 오는 어떤 문도 해시시해시시

　나의 오늘과 너의 내일 사이로 한 줌 모레가 흩어지고 있어

나는 날마다 파혼한다

헤르만 헤세는 세 번 결혼하고 두 번 이혼했다고 한다

첫 번째 부인은 사랑의 병에 걸려 죽고 두 번째 부인의 사랑은 헤세답게 식었지만 늙은 헤세는 세 번째에도 사랑을 걸었단다

그는 사랑을 만나기 위해 헤어지고 검은 원피스를 입은 그녀들의 사랑은 하얀 드레스에 있었단다

헤세의 사랑은 슬픔에 잠겼고 오래된 사랑은 자정을 위해 스스로 불타버렸단다

나비 날갯짓처럼 사랑을 위해 이혼한 헤세

나비와 헤세는 사랑을 모았지만 꽃술에 걸린 그녀들의 사랑은 꽃만을 기억했단다

꽃이 궁금한 사람들이 헤세에게 물으면 헤세는 주저

없이 어떤 사랑도 첫사랑이라 말했단다

 나는 나를 사랑하기 위해 어제의 나와 파혼했지만 언제까지 파혼해야 나를 만날 수 있을지

 헤세에게는 묻지 않았다

뒤척이는

중력에 의하여 서서히 떨어지는 모래의 부피로 시간을 재는 것이 내 사랑입니다 하나의 얼굴로 두 개의 얼굴을 비빌 수 없는 나만의 심장입니다

첫 발걸음도 중력의 시작이었나요

새벽이 하루를 불러오거나 한밤중이 하루를 데려가도 나는 뒤척여야 합니다 쉼 없이 빠져나가는 모래처럼 시간을 열어둡니다

지운 사랑이 웃음을 짓네요
반복과 반목은 어느새 사랑의 공식이 되었죠

되풀이죠

지운 기억을 다시 지우고 싶다면 더 선명해져야 합니다 꽃이 활짝 피어야 지듯이

그래서 참았고
걷히는 사람이 두려워 참았고

더 참아야 했던 건 사람이 없었다는 어떤 시간 여행자의 독백 때문입니다 여행자가 남긴 **없었다**를 나는 풀고 싶습니다

물렸던 하루가 너무 많아
오래된 모래에 지문이 생겨납니다

코끼리는 마지막 카드를 보았을까

서커스 무대에서 코끼리가 발로 숫자를 말한다
당근을 주고 당연을 받아먹고 수가 떨어졌다면

점핑 점핑

세 번째 카드와 일곱 번째 카드가 섞이고 그사이 뭘 먹었니? 조명에 비친 아홉 번째 카드에서 수가 빠지고 채찍이 올라가고 빛이 떨어지고 동시에 멀어지는 수를 찾아 밟고 넘어설 수 없는 금을 밟고 금방 튀어나간 수많은 수

커튼은 내려주세요
커튼콜을 준비해 주세요

점핑 점핑

아침이면 울리는 알람처럼
넘겨도 밀려오는 숫자처럼

찾아오는 사람은 달라도 같은 시간에 울리는 예배당 종소리처럼

자라는 수

코끼리는 다리를, 사람은 숫자를 걸어
반올림의 반올림은 끝없는 수직이라는 끝을 열었다

사람과 코끼리가 반반?

에어기타

 몇 번 코드를 튕겼나 당신, 과한 액션이군 비의를 뜯고 싶다면 엄지손가락의 힘을 빼보게 당신은 샤우트보다 솔(soul)이 어울리지 음계로는 따라갈 수 없는 울림이지 안단테, 입 다물리는 소리의 월식을 들어보았나 엇박자인 채 사라지더군 허공에 날리는 현란한 음(音), 난(亂) 축제를 즐겨보게 아차, 줄을 놓쳐버렸군 점멸하는 빛에 손목을 삐었나 정점에 오르자 튕겨나가는 음표마다 피크를 놔주더군 모자란 화음을 입으로 채우지는 말게 관객의 연호가 들리나 편집되지 않은 생생함이라네 쿵쿵거릴 뮤즈가 필요한 때야 곧 여린 왈츠를 추겠지 당신

 액션의 전모가 드러나자 텅텅
 끊어질 줄 모르는 그러나 들리지 않는 완벽한 소리

뼈를 묻다

너를 만나고 되는 게 많아 너—무 많아 나에게 뼈를 묻어줘

말속의 뼈를 찾으려다 뼈마디에 꺾인 유혹 너와의 만남에 뼈를 묻어야 할지 말지 생선 가시 바르듯 낱낱의 질문에 알맹이 없는 대답만 돌아오고 진동하는 냄새들 저인망으로 끌어올린 알 바 없는 너의 오답에 후기를 묻자 기억할 수 없는 전기로 훗날만 말한다

이제 나의 영혼에 뼈를 묻어줘

대관람차

우리가 탔던 대관람차 기억나니?

오전의 대관람차였지 다른 놀이 기구도 많은데 느리고 스릴도 없고 유리 상자에서 아슬아슬해지는

투덜거리다 너를 보았을 때 너의 눈빛은 깊이 내려가고 있었어 돌고래가 마지막 숨을 견디며 한 번 더 내려갔다 올라오겠다는 듯 나를 가르며

대관람차 안은 돌고래가 수면 밖으로 고갤 내밀듯 물방울이 튀었어 거칠어졌지 나는 쏟아지는 햇빛의 비늘만 건드리고 있었지

대관람차는 정오의 방향을 지나 떨어졌지 유리에 기댄 나는 출렁였고 너의 어깨는 젖어 있었고 다가가려 했지 파랗게 고요했어

그날,

우리는 어떻게 헤어졌을까?

지상에 닿았을 때 등 쪽에 보이지 않는 물의 무늬가 만져졌어 손에만 잡히는

헤엄은 누구의 것이었을까

끝에서 끝으로

꾹꾹 눌러 쓴 치약을 쓰레기통에 버린다

네가 두 번째 키스를 끝내고서야 다가온 것처럼 치약도 언제나 중간부터였다

끝에서부터 짜라는 말에 너는 어차피 만나게 되어 있다고 중간을 치고 들어와도 끝부터 밀고 들어와도

몇 번을 헹구어내도 암염처럼 스며들어 지워지지 않는 그다음의 키스처럼 너는 계속해서 한쪽만 눌러 짰다

다음부터는 끝에서부터……
입안의 거품처럼 말이 중간에 끊겼다

너는 대답 대신 거실을 쿵쿵거리며 돌아다녔고 나는 거울을 들여다보며 혼잣말을 뱉어내듯 나는 끝에서 너는 끝으로

그냥 통째로 뚜껑을 닫는 게 맞았다

대행하지 않습니다

그래,
거기에 다녀온 이유를 말할까

함께 하는 것과 다녀온 것은 아는 것과 알지 않아도 되는 것처럼 친구 아닌 친구 옆의 나는
알지 않아도 되는

손님

그러니 열 번 나를 초대해도 괜찮겠지 웃음만큼은 잘 지을 수 있으니 내가 내민 손과 주춤거리는 걸음이 네가 든 부케의 흔들림을 깨뜨릴까 봐 조심스럽게

백색의 길을 끄는 장밋빛 드레스 아래의 사랑은 헤아리지 않을게

붉은 눈시울로 너의 축복을 대행하며 바뀌지 않는 노래가 건반 위를 휘몰아칠 때 박수는 화려하게

기념사진 속에서 나는 한때의 사람으로 영원할 텐데
그날의 폭죽이 왜 내 가슴에서 터지지 않는지

오늘의 부케를 나는 내일 다시 쓸 수 있을까

내일의 신부야

타나토라자*의 축제

죽음의 축제가 지상에서 가장 화려하다

그날을 위해 몰입된 생의 창문들은 일제히 붉은 재단을 향해 열어놓는다 오로지 죽음을 위해 부를 축적한다는 한결같은 삶이 즐비해서 지상의 발자국은 늙어갈수록 투명해진다

주술을 내린 새벽이 거두어 가는 새벽과 눈을 마주치면 너머의 문이 열리고 불타는 태양의 마지막 인사로 안식에 든다

노인은 영혼마저 금이 가지 않을 바위에 들어 바람으로 태어나고 아이는 오래된 나무 속으로 들어가 나무의 나무가 된다

걸터앉을 바람이 없고 소리를 낮출 소리가 없어 죽음으로의 여행은 축제가 끝난 뒤 시작된다

* 인도네시아 술라웨시 중부에 있는 타나의 토라자 부족은 죽음을 축제라 한다. 바위를 파 죽은 사람을 묻고 아기가 죽으면 큰 나무 속에 묻는다.

덧

너를 찾는 일은
처음 읽는 시집처럼 질문이 많아진다

네게 보낸 편지의 답장이 궁금한 건 한 사람이 끼어든 것처럼 멀어서겠지

공원을 걷다가
저만치 나뭇잎의 웅얼거림이 들릴 만한 거리
계절의 문턱을 넘는 바람 소리가 잡힐 만한 거리
그보다 조금 더 멀어진

하루 이틀로는 부족할 것 같아
화병 속 꽃들이 하나 둘 고개를 숙이는 저녁을 불러와 불을 켜는 건
당김이 아니라 지움

생각나는 슬픔이 돌아올 때
몇 번을 물어도 침묵으로 답할 때

시집을 다시 읽는다 접어놓은 페이지들을

일기를 쓴다
덧붙여

잠시 멈춤

불이 불을 부르는 네거리 한복판
바닥에 흥건한 비명이 신호를 밀쳐내고 있다

죽음이 막아선 폭주
라이더라 불리는 남자의 질주는 네거리에서 멈췄다
낙화처럼 헬멧이 구르고

헬멧에 꿈이 가려진 얼굴 없는 남자였다
아침마다 낯선 초상에 놀라 뒷걸음치던

멈추면 안 되는데……
푸드 박스에서 새어나온 냄새처럼 마지막 웅얼거림이
네거리에 깔렸다

타워펠리스의 불빛이 남자의 얼굴을 덮치고
부름의 콜이 소나기처럼 지나가고
잠깐 생이 흔들렸는지 모른다

과속으로 달린 남자의 마흔이
잠시 멈췄다

맡겨놓은 이름

얼굴을 보고도 모른 체 살았을
말을 건네지 않으면 타인이거나 말없이 사라졌을
맡겨놓은 이름들

누군가는 살아나는 이름을
누군가는 죽어가는 이름을 쥐고 있어

너를 부르면 모두가 대답하고
모두를 부르면 어느 누구도 대답하지 않는

사람 속처럼 낯익은 이름들이 모여 있어도 가끔은 다른 이름들이 다녀가 어느 날 어디쯤 두고 왔을 이름을 찾습니다

변치 않는 이름이 있을까요?

나를 맡겨도 될
단 한 번의 서명 같은

4부

수서

 수장을 끝낸 강물의 뒤척임이 조심스럽다 계절을 건네려는 강물의 눈빛에 나무는 강모래 한 줌 쥐고 뿌리를 내린다 바람에 물들면 한낮이 짧아져 강의 기침이 쌓인 바닥을 가만 품는다 기별처럼 다녀간 별의 발자국에 휘기도 한다 새들의 영혼을 허밍으로 빼앗아간다는 수초와 물에 빠진 달빛의 이야기를 들려주자 나무가 귀를 연다 나무의 심장소리가 들리고 강물이 흘리는 웃음으로 옆구리를 흔든다 안도하는 몸짓으로 강은 물빛을 힘껏 밀어 올려 나무의 입술에 닿는다 어린 말이 터지려 한다 나무의 봄이 열리는 동안 사람의 기척은 조심스럽다

 강물이 연두를 훅 불어 꽃잎을 당긴다

시소

한 여인이
말문을 닫고 누워 있다

세상을 허물다 비껴온 여인에게
수액 주머니는 나무에 걸린 셔틀콕 같다

수액이 툭 툭 떨어질수록
물무늬처럼 주름진 몸이 다음 세계를 기웃거린다

네트처럼 엎드렸던 오후의 햇살이
흰 천장에 남긴 여인의 시선을 가로챘다

달이 차고 기우는 것이 달의 태생이라면
목숨이 두근거릴 때마다* 둥글어지는 것이 숨의 본능일까

한쪽 발이 지구라는 시소를 들어 올리기엔
여인의 두근거림이 사그라든다

시소의 축이 닳아
이제는 지구가 누워 있다

* 유병록의 시집.

여름이 지나고 있다

 맞은편 테이블에 앉아 있는 남자의 등이 고양이를 닮아 그가 두드리는 노트북 자판에서 고양이 울음이 터질 것 같았다

 아이스커피 속 얼음을 깨물며 여름이 없는 세상에서 살고 싶다는 생각을 잠깐 하는 동안 아드득 소리가 잔에 부딪쳐 물방울로 떨어졌다

 컵 속에 꽂혀 있는 검은색 빨대를 꺾자 창밖이 흔들렸고 남자의 자판기에선 고양이가 움찔한 듯

 확실히 본 게 맞아? 잘못 본 거 아니지 틀림없다니까 두 사람 웃는 게 쓰고 있던 양산보다 더 환하더라 곧 커밍아웃할 것 같아 근데 이 카페는 말복이 지났는데도 왜 이렇게 더운 거니

 한 여자의 말에 이끌려 고양이를 보진 못했다

벽에 걸린 시계의 초침이 여름의 한낮을 끌고 가느라 지쳐 보였고 끝내 고양이는 울지 않았고 나무들이 흔들렸다

 여름이 곧 터질 것 같았다

깃털의 클리셰

새의 깃털을 꽂아둔 화병이 깨졌다

아무렇지 않게 훔쳐 온 새의 깃털을 꽂아둔 물이 없는 화병이었다

정물처럼 흔들리고 있었다

플라이 타잉의 줄을 타고 날았던 깃털의 기억이 윤슬처럼 들어온다

외투를 걸치고 모자를 쓰고 살아 있는 척 포용하는 척 날개를 펼치면 아가미를 들썩이는 것들

날고 있는 기쁨이 물에 젖으면
휘어진 기분은 반대편도 가라앉지

가벼운 미끼의 화려함에 전부를 던진
물속 것들의 원래 슬픔은 그렇게 팽팽한 것인지

낙인처럼 물에 찍혔다
마지막의 마지막으로

슬픔을 익사시키려 했는데 이 나쁜 녀석들이 수영하는 법을 배워버렸어*

파문이 있어야 고요한 것처럼
유리 파편 위로 깃털의 통점이 내려앉는다

완벽하게 낚여봐야 낚을 수 있다는 교본을 펼친다

* 프리다 칼로.

흔들리는 초록

3층 유리창 너머 초록 나뭇잎들이 흔들리고 있습니다
내려다보면 당신이 다가오는 모습처럼 일렁입니다

그래 보였을 뿐
나의 움직임이었어요
당신 안에 몰아넣고 수없는 쳇바퀴를 돌린 울렁임이겠죠

이것은 공정함이야,

나는 이따금 공정한 지옥을 봅니다
당신이 풀어놓은 불가한 상상에 피투성이가 된 언어들을 꿰매다 잠이 들고 하얀 문장을 덮은 아침을 맞아요

초록의 물결은 지난밤을 목도한 새들의 목소리로 비릿하군요
유리에 부딪혀 떨어지는 나의 시선을 나는 푸르게 바라봅니다

당신을 있는 그대로 보는
나를 그렇게 보라고
뒷면에 가둔 채 흔들지 말라고

변주와 변주를 지나 환(渙)을 지나면 차가운 숲,

진녹색으로 가는 일렁임인가요
화살 같은 낱말이 나를 향하고 있군요
한 권의 나무로 나를 구하고 다시 흔들리겠습니다

흔들리지 않으면 죽을 것 같을 그때*

---

* 라이너 마리아 릴케 '쓰지 않으면 죽을 것 같을 때'의 변용.

빌런을 위한 세레나데

그는 훔치는 사람이다
거품이 황금빛이라는 남자
함께 누운 사람의 단잠에서 가장 따뜻한 돌 한 개를 집어오는 사람이다
일요일에 훔치는 건 고전이라며 클래식한 조언을 남발하는 사람

세비야의 이발사*가 손님의 턱수염을 밀고 가죽 혁대에 면도날을 문지르며 휘파람을 불 때 그는 이발사의 휘파람을 훔쳐 오는 사람이다 턱수염을 내맡긴 손님의 나른함에 구둣발 자국을 찍는 사람이다 클래식하게

멈추면 나를 잃을 것 같아 훔친다는 은유적인 사람이다

누군가의 기도를 휘저어 스스로를 확인하는 간절한 사람이다
죽어서 가는 천국은 졸(卒)이라 천국을 훔쳐 온 사람

쓸쓸해져야 정신을 차린다는 속설을 믿을 때쯤
돌연, 짧은 소용돌이와 함께 그가 사라졌다
고전적이지 않은 월요일이었다
그의 천국은 이리저리 발길에 채이다 바람에 날아갔고
울음 같은 노랫소리를 들은 혹자가 있었다

* 이탈리아 작곡가 로시니의 오페라.

좌탈입망(坐脫立亡)

그가 입적하였다

변기에 앉아 거룩한 좌탈입망에 들었다
연꽃 가득한 연못도 아니고 안락한 침대도 아닌 냄새의 극락전
화장실이라니

죽음에 이르기엔 2% 부족한 그의 삶은
넘치는 것들을 빠르고 정확하게 비울 줄 알았는데

폐품 수집의 노년에
스스로 수거하지 못한 몸뚱이가 궁금하여
화장실에서 스스로 알몸이 되어보곤 했는데

남은 삶과의 거래는
녹슨 무덤과도 같은 고철 더미에 낡은 가재도구에 적어놓았는데

차마 발 한쪽 보여주는 것조차 미망이었을까

아무도 열지 못할 문을 닫아걸고
장좌불와도 좌불안석도 아닌 변기 위의 입적이라니

생애를 전부 내려
한 소식에 들고자 했다니

오리의 다비식

 경문 펼치듯 연잎을 가지런히 펼친다 18이 108이 된다면 이 또한 허망한 일이니 어느 곳도 터지지 않게 꿰매놓는다 구업(口業)은 잘린 머리로 번뇌는 뽑힌 털로 털어냈으니

 탈피입망(脫皮入亡)에 든 오리 한 마리

 연잎에 십자로 싸여 엄숙한 찜식에 든다

 마지막 게송 받들어 찜솥 속없는 가부좌로 유황불인들 마다할 리 있겠는가

 지글지글 끓어오르는 승천 의식

 압력의 추를 열자 무간지옥의 고통을 평정한 불보살이 숨 돌리고 세 첩 반상 위 적멸보궁에 이르니 파리 대왕조차 성스러운 모습에 탄복하여 윙윙 날아들고

한 배 가득 은행 대추 등속으로 백녹적황 영롱한 진실 사리를 남겼으니 불목하니가 부젓가락을 들고 허물어진 육신을 헤집으며 사리를 수습 중이다

 뒷마당에선 쨱쨱 경 읽는 소리 여전하다

보신

강주 연못 입구에 터 잡은 고목나무는
고즈넉한 연밭을 바라보는 게 일과다

순결한 구원이라는 연을 담고 있는
고목의 눈은 세속의 이쪽과 저쪽을 잇는 창 같다

고목나무의 심장에 구멍이 뚫렸다

연밭 옆구리에 뚫린 개구멍 쪽으로
2층짜리 보신탕집이 들어섰다

컹컹 짖어대는 개소리가
가지 끝에 걸려 바람과 함께 부대끼기도 했다

잇새에 낀 듯 연밭마저 갈아엎었다
연꽃 송이송이 해탈에 드는 동안

개구멍이 뚫렸던 울타리엔 건축자재들이 쌓이고

참선에 든 고목나무를 돌아나가는 보신들
머지않아 3층까지 오를 예정이다

봉길이 삼촌

 현관에는 얼룩진 신발 한 켤레가 어둠을 물고 있습니다 빛바랜 문이 머뭇거림의 틈을 막았고 초록 테이프는 달빛의 시린 구석을 막았습니다 방 한구석엔 호명되기를 독촉하는 삼촌의 이름이 수북합니다

 봉길이 삼촌이 떠난 것은 일일드라마 마지막 회가 끝난 뒤였습니다 앞집 강아지만 잠시 뒤척였을 뿐 세상은 고요했습니다

 여권은 닳은 지문처럼 접혀 있고 긁지 않은 복권엔 마지막 행운이 들어 있었을까요 '꼬옥 챙겨야 할 물건'이라 쓴 사진첩엔 서너 장의 사진이 삼촌의 좁은 어깨를 잡고 있습니다

 우리는 오늘 그의 생을 수습 중입니다

 삼촌이 자꾸 늘어납니다

텀블러

 아침을 열기에 알맞은 온도의 너는 골똘한 생각에 빠지면 조금 기울어지기도 한다 귀를 잡아당겨 나의 말을 담지만 끓어오르기 좋아하는 너는 뭐든 물로 봤다 수위 조절에 실패한 네가 조금씩 식어 간다

 우리는 생각한 만큼의 거리임에는 틀림없다 열 번을 생각해야 하는 오늘은 한 뼘 앞에 있고 한 번쯤 생각할 내일은 열 뼘쯤 떨어져 있다 읽다 덮어버린 사람처럼 덜어낼 거리처럼

 너는 오래 기다리지 않고 닦아내야 할 속이 자주 말라, 빈속이 너의 환상이다 천년의 갈증도 단 한 번 입맞춤으로 해갈시킬 수 있다는 너의 과장된 말에 끄덕이기도 한다

 아침과 저녁 냉정과 열정 사이를 나오는 순간 라디오처럼 나를 껐다

타오르는 시선들

덮어 두었던 시집 29페이지를 펼쳤다
산문의 시는 빽빽하여 그림이 없었다
눈을 감았다
암전의 화면이 열리고 나를 바라보는 시선들에 어지러웠다
시어를 드러내며 불쑥 일어서는 활자들
어둠 속에서 다가오는 쓰다 만 이름들
29페이지의 본질은 한 사람을 들여다보는 일
보이지 않는 그림을 그려 넣었다
실체를 벗어나는 감정과 온도
빈자리에 구멍이 뚫려 쉰 소리가 들린다
구멍은 점점 커지고 빨려 들어갈 것 같다
말랑하다고 믿는 나의 사유를 만져봤다
바람에 구름이 밀리듯 빠져나가고 있었다
모래 폭풍이 지나간 것처럼 차가운 그림자의 낱알들만 수북했다

글자들은 껍데기를 쌓아두고 나와 대치 중이다

당신이 나를 볼 때 난 누구를 보겠어요?

페이지를 넘기던 오후의 소음들이 뒤돌아보려 한다

시인의 눈과
신이 두고 간 눈을
나는,

| 해설 |

계몽과 갱신의 시 쓰기

신수진(문학평론가)

1. 헤세의 사랑, 권력과 불모의 관계

헤르만 헤세는 신과 인간, 독일과 스위스, 문학과 미술, 결혼과 이혼, 삶과 죽음 사이에서 자기 세계를 찾기 위해 부단히 노력했다. 세상이 지향하는 가치와 체계에 순응하고 진입하는 것보다 자신이 지닌 질문과 그에 대한 답을 찾기 위해 모든 것을 걸었고 자기 자신의 고유성을 탐구하고 완성해 나가는 것만이 예술가로서의 사명을 다하는 것이라 믿었다. 헤세의 작품 안에 유독 자전적 인물과 세계와 불화하는 자아가 많은 이유다.

헤르만 헤세는 세 번 결혼하고 두 번 이혼했다고 한다

첫 번째 부인은 사랑의 병에 걸려 죽고 두 번째 부인의 사랑은 헤세답게 식었지만 늙은 헤세는 세 번째에도 사랑을 걸었단다

그는 사랑을 만나기 위해 헤어지고 검은 원피스를 입은 그녀들의 사랑은 하얀 드레스에 있었단다

헤세의 사랑은 슬픔에 잠겼고 오래된 사랑은 자정을 위해 스스로 불타버렸단다

나비 날갯짓처럼 사랑을 위해 이혼한 헤세

나비와 헤세는 사랑을 모았지만 꽃술에 걸린 그녀들의 사랑은 꽃만을 기억했단다

꽃이 궁금한 사람들이 헤세에게 물으면 헤세는 주저 없이 어떤 사랑도 첫사랑이라 말했단다

나는 나를 사랑하기 위해 어제의 나와 파혼했지만 언제까지 파혼해야 나를 만날 수 있을지

헤세에게는 묻지 않았다
　　　　　　　　－「나는 날마다 파혼한다」 전문

많은 예술가들의 곁에는 으레 특별한 영감을 주는 뮤즈가 존재해 왔다. 문학사의 한 페이지를 쓴 헤세에게도 뮤즈가 있었다. 그는 아름다운 여인들 사진작가 마리아 베르누이, 성악가 루트 벵거, 미술사학자였던 니논 돌빈과 결혼하고 이혼하기를 반복했다. 헤세는 가정에 충실하지 못했고 신경질적이었고 그런 헤세로 인해 한때 그와의 사랑에 도취되었던 여인들은 가련하게 버림받았고 돌이킬 수 없는 상처를 입었다. 사랑의 권력 관계에서 그들은 약자였기 때문이다.

이 시는 헤세의 사랑과 결혼 그리고 이혼이라는 전기적 사실을 그대로 복원하고 있다. 헤세와 그의 여인들이 사랑에서 고통으로 치닫는 동안 무엇을 얻고 무엇을 잃었는지는 알 수 없다. 결과적으로만 볼 때 그들의 이야기는 실패와 파국으로 끝났다. 그러나 "어떤 사랑도 첫사랑"이었다고 한 헤세의 고백처럼 온 생애로 그들을 가르친 것은 결국 사랑이었을 것이다.

시인은 헤세의 사랑과 이별을 시의 내러티브로 두고 그 뒤에 "나는 나를 사랑하기 위해 어제의 나와 파혼했지만 언제까지 파혼해야 나를 만날 수 있을지" 물을 수 없었다고 간략하게 첨부한다. "-단다"라는 종결어미를 반복하면서 실제의 사실만을 거의 그대로 옮기고 있어 시적인 전율을 불러일으키지 않는 시의 직조 방식에도 불구하고 마지막 구절만큼은 마치 선언문처럼 엄중하게 들린다. 이 고백은 어떤 거추장스러운 기교나 수사도 필요로 하지 않은 채 오직 자기에게 이르는 길에 대해 집중하고 있기 때문이다. 이는 지난날 스스로를 사랑할 줄 몰랐던 자기 자신에 대한 결연한 반성이자 자존감을 갖춘 자신으로 거듭나기 위한 의지의 반영으로 느껴지므로 진정성 있는 자아 성찰의 결정체로 판단된다.

    휙, 얼굴을 강타한 햄버거였어요 직구였거든요 변화구였다면 약간의 낌새를 챘을지도 몰라요 햄버거가 무안해 하죠 속이 쏟아진 거죠 쏟아진 속으로 나와 햄버거는 붉은 거예요 바닥에 떨어진 얼굴은 누구의 얼굴일까요 지나가던 개가 피해 갑니다 나는 툭툭 털어요 질문은 사절입니다 속이 속이 아닌 나를 당신이 자꾸 물어요 착하게 물려서 답할 수가 없어요 내가 묻고 싶어요 당신은 어디서 굴러온 뼈인가요 통뼈라도 나는 알 바 아닙니다 그러니 굴러가세요 굴러가다 보면 사거리가 나와요 당신이라면 빨간 신호등도 푸른 신호등으로 보일 거예요 성격이니 그냥 가도 무방합니다 다만 당신 안의 개는 데려가세요 지나가는 개도 알 바 아니라고 하잖아요

-「나는 알 바 아니다」 전문

'당신'이 던진 햄버거에 얼굴을 맞고도 "나는 툭툭 털"고

"나는 알 바 아니"라고 말한다. 전혀 예기치 못한 채 순식간에 벌어진 이 사태에서 '나'가 정말 괜찮은 것은 아니다. "속이 속이 아닌 나를 당신이 자꾸 물"기 때문이다. 던지고 무는 당신은 "개"이고 "어디서 굴러온 뼈"에 불과하다. "휙, 얼굴을 강타한 햄버거"라는 충격적인 정황이 언제 어디서 어떻게 왜 일어났는지에 대한 설명은 등장하지 않는다. 집이거나 햄버거 가게이거나 거리이거나, 당신이 화가 났거나 내가 잘못을 했거나 오해가 있을지라도, 그것은 그다지 중요치 않을 것이다. 어떤 이유로도 당신이 '나'에게 행하는 폭력은 정당화될 수 없기 때문이다.

"빨간 신호등도 푸른 신호등으로 보일" 법한 그래서 "그냥 가도 무방"할 당신의 "성격"은 무례함에 대한 반감이나 혐오를 넘어서 "당신 안의 개"라는 능욕과 경멸의 비속어로 표현된다. 의아한 것은 '나'가 '당신'의 인격적 결함과 '나'에 대한 공격성을 적확히 인지하고 있음에도 불구하고 이에 대한 근원적 문제의식이나 개선에 대한 의지를 표명하고 있지 않다는 것이다. 그저 "나는 툭툭 털"고 "질문은 사절"할 뿐이다.

상대가 보여주는 무차별적이고 거리낌 없는 모욕적 행위와 '나'의 굴욕적이고 처참한 피해 상황에도 불구하고 '나'는 사건을 무마하고 은폐하며 마치 자신의 일이 아닌 양 알 바 아니라고 한다. 이 태도는 무력하고 자학적인 동시에 우화적이고 위악적으로 비춰진다. 폭력을 자행하는

'당신'의 양상 자체도 문제지만 만연한 폭력 앞에서 자포자기나 무대응으로 반응하는 '나'의 양상 또한 문제적이다.

시집에서 일관되게 포착되는 징후가 있다면 '나'와 '당신'이 결코 동등하지 않은 관계를 맺고 있다는 점이다. 평등, 존중, 신뢰와 같은 인간 관계의 기본적인 요소들이 모두 소거된 소모적이고 파편적이고 기생적인 관계가 그것이다. 시적 자아는 사랑의 대상으로부터 상호 인정을 통해 자기 자신의 존재 가치를 확인하고자 한다. 그러나 그러한 바람과 노력은 번번이 부재중이거나 왜곡된 대상에 의해 무산되고 좌절될 뿐이다. 진심과 진위가 무사히 도달하지 못하고 메아리처럼 자신에게 되돌아오기 때문에 '나'는 자위와 자폐의 상태만을 오가는 고장난 회로로 전락한다.

여자가 가죽 소파에 앉아 있다 닿지 않는 주파수로 한 남자와 교신을 시도한다 창백한 상상이 여자를 덮치고 주술사처럼 주문을 따라 들어가자 남자가 보인다 남자는 맹수처럼 질주하지만 이내 잡히고 만다 식어버린 남자는 여자 앞에서 두려움에 질려 주저앉는다 덥석 잡은 남자의 것이 손가락 사이로 시들시들 **빠져나간다** 여자는 내친김에 매직 카펫을 탄다 몸이 뜨거워진다 더 이상 한 남자 따윈 신경 쓰지 않는다 남자를 위한 향수를 쏟아 버리고 발톱을 뽑아 버린다
─「블루문을 열다」 부분

여자는 밤새도록 "닿지 않는 주파수로 한 남자와 교신을 시도"한다. 그러나 새벽 4시를 알리는 벽시계가 울릴 때까지 끝내 돌아오지 않는 남자로 인해 "남자를 위한 향수를 쏟아 버리"고 "발톱을 뽑아 버"린다. 이 시에서도 일방적이고 병폐적이며 불균형한 남과 여의 관계는 여지없이 드러난다. 이 시집의 몇몇 시들을 경유해볼 때 물리적이나 심리적으로 고통받고 억압받으면서도 남자를 기다리고 남자에게 의존하는 여자와 그런 여자를 냉대하고 무시하는 남자의 가학성과 피학성이 나타나는 것이다.

　　나의 bed는 불친절해요
　　그의 취향을 몰라 샤넬 넘버 5와 베르사체 향수를 뿌렸죠 배꼽은요? 치명적 향기잖아요 불친절도 휘발하는 마력이 있거든요 나는 늘어진 고양이가 아니라서 리드미컬한 몸을 타고 싶지만 통하지 않는 bad

　　색에 빠져들지 않는 봄은 버리고 우리의 불타는 봄밤을 낳자 했어요 머리맡 꽃향기에 출렁이는 나의 심장을 태양으로 데려가라 하네요 그는 씨앗을 키우지 않는 불임의 bad
　　　　　　　　　　　　　　　　　　　　－「불임의 봄밤」 부분

"나의 bed는 불친절해요" "그의 취향을 몰라 샤넬 넘버 5와 베르사체 향수를 뿌렸죠"로 시작하는 시 「불임의 봄밤」에서도 종속변수로서 사랑을 갈구하고 있는 '나'가 등장한다. "불타는 봄밤을 낳자 했"지만 "나의 심장을 태양으로 데려가라"고 하는 '그'는 "씨앗을 키우지 않는 불임의 bad"다. '나'와 '그'의 사랑은 양방향적인 소통이나 균형을 갖지 못하며 아무것도 잉태하지 못하고 한 발자국도 진전되지 않는다. 사랑은 권력과 불모의 관계로 인해 훼손되고 이는 사랑의 좌절과 불임의 수순으로 귀결된다.

2. '흔들림'의 테제, 진통과 파열의 지각변동으로 본 시의 조감도

　버려진 첫 키스의 소환
　패러디의 이름으로 또 다른 얼굴을 찍는다

　불현듯 2막으로 조각을 맞추지는 마 다른 입술의 배경에 흠이 생기고 있어 보고픈 건 나와 그대와의 키스를 바라보는 너의 푸른 볼 기어코 500번의 키스를 거두어 재생해야만 해 짧은 기억과 주름진 기억과 가면 속 기억의 모서리에 닿으면 되겠니 예민한 요일에 숨은 이야기는 없어 다 아는 비밀 보장이야

　그러니 그대와의 키스는 너에게 맡길게
　　　　　－「그대와의 키스를 세어 봐요」 부분

"버려진 첫 키스"를 소환하고 있는 시적 자아는 버림받은 여성의 자화상으로 나타난다. 왜 "기어코 500번의 키스를 거두어 재생"해야 하냐면 시적 자아에게 있어서 '그대'는 곧 '나'의 원본을 정립하고 보증해 주는 유일한 반사체이기 때문이다. 이와 관련해 각 주체는 상대 또한 타자 속에서 자신을 인식한다는 것을 경험한다고 했던 헤겔이나, 인간에게는 상대와 소통하고자 하는 의지가 필수적이라고 본 하버마스, 인간은 타인의 인식과 판단에 절대적 영향을 받는 사회적 존재로서 소속과 애정의 욕구가 있으며 인정은 인간에게 있어 근본적인 존재의 기제라고 했던 호네트를 상기해볼 수 있다. '나'가 "짧은 기억"과 "주름진 기억"과 "가면 속 기억"의 모서리로 표현되는 '너'와의 불가능성과 소요 사태에도 불구하고 '나'가 아닌 '너'를 부지하는 것만이 자기 존재를 증명하는 유일한 길이라고 믿는 이유다.

베란다 앞 흔들의자가 흔들리다 그녀가 일어서자 현기증을 일으킨다

한 점 바람 없이도 휘청이는 그녀의 이력을 의자가 되짚어 본다

삶을 헛디딜 때마다 늘어난 주름이 전부다 한 치씩 삶의 물살을 다지고 또 다졌다

어떤 수사나 장식으로도 진열할 수 없는 그녀의 주름들

물기 없이 보존된 그녀의 자서로 남아 한 페이지씩 넘겨본다

더는 조여지지 않는 괄약근으로 픽션의 잔해들을 쏟아내고 이젠 불임의 부표가 출렁이는 뱃머리가 안온한 그녀

식탁 위 백색의 알약들이 그녀의 손에 닿자 헛구역질하지만 흰 벽 프레임 속 한 여자가 등을 보이며 허물어진다

흔들리는 손끝으로 물컵을 내려놓자 한 권의 제본이 마무리된다

삐걱거리는 인터폰이 그녀의 마지막 기별을 전하고 그녀의 표제가 되고 싶은 흔들의자가

흔들린다

　　　　　　　　　　　　　　　 -「흔들의자」 전문

임효빈이 지니고 있는 '흔들림'의 테제는 시집 전체를 관통하는 하나의 징후다. 그녀의 현기증은 삶을 헛디딜 때마다 늘어난 주름의 이력에서 기인한다. 견고하게 보존된 "주름"들, 탄력을 잃은 괄약근에서 쏟아지는 "픽션"들, 망망대해에서 출렁이는 "불임"의 부표들은 이제 "백색의 알약들"과 "헛구역질"과 "흰 벽 프레임"에 가까스로 당도했다. 방향 상실의 감각으로 세월의 부침을 기록하고 있는 이 시에서 '흔들림'은 난파선처럼 침몰하고 있는 화자의 정체성을 나타내는 기표다. 화자의 내면은 외부의 힘에 의해 걷잡을 수 없이 표류해온 '흔들림'으로부터 발로한다. 시의 지형에 불시착하는 동안 부서지고 고장 나고 조각난 언어로써 자신의 생존 좌표를 타전하게 되는 것이다.

권력과 불모로서의 사랑 역시 '나'의 존속과 당위를 불안하고 위태롭게 한다. 이 위기는 흔들림이라는 운동 상태로 전이된다. 그녀는 흔들리는 한 권의 책이며 마침내 표제작으로 「흔들의자」를 쓴다. 흔들의자는 안정이나 평온 혹은 충족의 프레임 바깥에 선 시인의 아이덴티티인 것이다.

멈추면 안 되는데……
푸드 박스에서 새어나온 냄새처럼 마지막 웅얼거림이 네거리에 깔렸다

타워펠리스의 불빛이 남자의 얼굴을 덮치고
부름의 콜이 소나기처럼 지나가고
잠깐 생이 흔들렸는지 모른다

과속으로 달린 남자의 마흔이
잠시 멈췄다

－「잠시 멈춤」부분

"잠깐 생이 흔들렸는지 모른다"(「잠시 멈춤」)라고 하는 찰나의 진동을 시인은 극명하게 감지한다. 생계를 위해 달리는 것을 멈출 수 없는 배달업 종사자의 교통사고를 사거리에서 목도하고 있는 이 시에서 한 사람의 존재는 "헬멧에 꿈이 가려진 얼굴 없는 남자"로, "아침마다 낯선 초상"으로, "과속으로 달린 남자의 마흔"으로 사물화된다. 인격이나 사고나 정서가 휘발되어 버리고 동선과 동작과 속도로만 자기의 존재 가치를 증명해야 하는 기계적인 생리를 찰나의 순간을 통해 헤아려볼 수 있다.

마지막 순간에 이르러서야 감당할 수 없는 자신의 속도를 겨우 멈출 수 있었던 라이더. 스스로는 속도와 방향을 결정할 수 없도록 하는 시스템의 톱니바퀴 속에서 그가 선택할 수 있는 것이라고는 달리거나 충돌하거나 하는 두 가지 항밖에 없었을 것이다. 결국 끝에 가서야 "잠시 멈춤"의 상태에서 안식할 수 있었던 누군가의 삶이다.

점, 또 다른 점과 점, 그리고 점과 점과 점들 사이를 숱하게 오갔던 그는 점과 점을 이으면서 선으로 살고자 했다. 보이지 않는 점, 존재하지 않는 점, 거기에 있을 거라고 믿었던 점들 가운데에서 그가 멈춘 자리가 구조 신호처럼 깜박인다. 눈꺼풀을 힘겹게 열고 닫듯이, 전화벨 소리가 규칙적으로 울리듯이, 오토바이의 비상버튼이 점멸하듯이, 그는 쓰러지고 나서야 자신의 자리를 화이트 라인으로 표시할 수 있었을 것이다. 내가 지나고 있었다고, 내가 이곳에서 흔들렸다고, 내가 여기에 존재했다고, 사건 현장을 보존하는 동안에만 그는 잠시 온전한 자기 자신이 될 수 있었을 것이다. 죽음으로서만 삶을 증거할 수 있는 우리 생의 아이러니다.

　이 시집은 실패하고 상처입고 무너지는 중이다. 언제나 예견할 수 없는 사태가 불시에 들이닥치는데 그것은 대개 '너'라는 진원지로부터 발생한 균열 때문이다. '너'로부터의 지각변동을 겪으면서 '나'는 재난 상황을 방불케 하는 위기와 비극에 처하게 된다. 그 흔들림의 충격과 여진으로 시집에는 비명과 울음이 난무한다. 그러나 그토록 처절한 침몰과 쇠퇴와 몰락의 자세로부터 다시 부상하는 것이 있다면 그것은 이 흔들림을 계기로 자기 자신을 돌아보고 대면하는 반성의 시간일 것이다.

　"곡선은 시작의 반성이다"(「곡선은 시작의 반성이다」)라는 문장은 어쩐지 '곡선의 시작은 반성이다'로 읽힌다. 직선의 도형에서는 먼 거리를 되돌아오거나 샛길로 빠져서 일을 그르치는 일이 벌어지지 않을 것이다. 직선은 오로지 출발점과 도착점 사이를 가장 효율적인 최단 거리로 이어주기 위한 이음새가 될 것이다. 그러나 부흥과 쇠락이 파도처럼 오르내리는 동안 곡선은 스스로의 리듬을 깨닫고 주변부를 읽으며 속도보다 방향의 중요성을 깨달아 갈 것이다.

변주와 변주를 지나 환(濃)을 지나면 차가운 숲,

진녹색으로 가는 일렁임인가요
화살 같은 낱말이 나를 향하고 있군요
한 권의 나무로 나를 구하고 다시 흔들리겠습니다

흔들리지 않으면 죽을 것 같을 그때
　　　　　　　　　　　－「흔들리는 초록」 부분

실제 존재하는 객관적인 현실을 있는 그대로 인식하지 못하고 환(幻)의 프리즘을 통해 다른 차원을 불러들이는 시적 자아는 유리창 너머의 일렁임도 "당신이 다가오는 모습"(「흔들리는 초록」)이라고 생각한다. 이내 "나의 움직임"이었을 뿐이라는 것을 알지만 온통 당신이 어른거리는 "공정한 지옥"에서 비릿한 어지럼증을 겪는 '나'는 그렇게 흔들리고 흔들리면서 푸른 잎사귀를 틔워올린다. 무수히 피어

나는 초록의 새순은 나무의 굳은살을 뚫고 나오는 진통과
파열을 겪을 때만이 가능한 것이기 때문이다.

3. 점(點)의 관념성을 통해 본 있음과 없음의 전도

  왼쪽으로 누우면 네 목소리가 들려
  오른쪽으로 돌아눕는 버릇이 생겨났다

  둥글게 말고 자면 꿈속으로 내가 갈게
  액자 속에서 웃는 네가 말하는 것 같다

  둥글게 말수록 꿈은 길고 오래갔으나 너는 없었다
              - 「그 여름」 부분

 왼쪽으로 누우면 '너'의 목소리가 들리기 때문에 자꾸
오른쪽으로 돌아눕는 버릇이 생겼다는 '나'는 머리가 아닌
온몸으로 '너'를 감각하고 있다. '너'에 대한 생각은 현실에
서 꿈으로 꿈에서 현실로 범람한다. 이처럼 시 속에서 '나'
는 '너'와의 소통 불가 혹은 수신 오류 상태로 절망한다.
"너의 부재를 알리는 날인이 빠져 있"(「어느 날 우편함」)기 때
문이다. '나'는 돌아오지 않는 '너'로 인해 불안으로 흔들리
고 "누군가 되돌아오는 별별 이야기"(「별별 이야기」)를 꿈꾼

다.

"나의 새들은 왜 모두 사라질까요"(「초록 옥상」)라고 탄식하는 상실의 문장과 "꿈꾸기 위해 꿈꾼다는 아이는 거짓말처럼 정직했다"(「반면」)는 역설의 문장처럼 시적 자아는 사랑을 잃은 현실에서 꿈꾸기 위해 꿈꾸면서 거짓말처럼 정직해지면서 그러나 휘청이는 흔들림의 반사신경으로 일어서고 있다. "나머지는 나로 채울 것이다"(「검은 여백」)라고 하는 시의 마지막 구절은 '너'를 떠나보내고 홀로 남은 '나'가 그 어둠 속에 갇히는 것이 아니라 어둠마저 잠든 이후에 그 텅 빈 여백을 비로소 '나'로 채워가게 되리라는 것을 암시한다.

> 그림자를 태워 성전의 심장을 만든다지 한 사람의 그림자가 다 탈 때까지 생각의 재를 쓸 방법에 대해서 고민한다지 고민의 시간이 쌓여 이글루 안은 푸르게 희다지 어둠이 바다사자와 물개 피를 마시며 이글루를 지키다 그중 하나의 울음이 빙하를 적시면 떠난다지 이누이트족은
>
> 그들의 발자국에 성호를 긋는 램프를 켜놓고
> ─「램프 이야기」 부분

한 사람을 사랑하고 버림받고 잊기까지 시적 자아는 성자처럼 얼음 성전에 들어 "그들의 발자국에 성호를 긋는

램프"를 켜둔다. 혹한의 시간 앞에서 두 손을 모으고, 이미 떠나간 누군가의 그림자를 기억하기 위함이다. "한 사람의 그림자가 다 탈 때까지 생각의 재를 쓸 방법에 대해서 고민"하고 푸르도록 흰 얼굴로 모든 울음을 보내주고 나서야 이글루를 떠난다는 이누이트족에 관한 전언은 시적 화자가 사랑에 대한 마지막 예를 갖추는 방식을 상징한다. 그것은 떠나간 사랑을 기억하고 그 사랑을 배웅하는 일종의 제의와 같다.

중력에 의하여 서서히 떨어지는 모래의 부피로 시간을 재는 것이 내 사랑입니다 하나의 얼굴로 두 개의 얼굴을 비빌 수 없는 나만의 심장입니다

첫 발걸음도 중력의 시작이었나요

새벽이 하루를 불러오거나 한밤중이 하루를 데려가도 나는 뒤척여야 합니다 쉼 없이 빠져나가는 모래처럼 시간을 열어둡니다

지운 사랑이 웃음을 짓네요
반복과 반목은 어느새 사랑의 공식이 되었죠

되풀이죠

지운 기억을 다시 지우고 싶다면 더 선명해져야 합니다
꽃이 활짝 피어야 지듯이

그래서 참았고
걷히는 사람이 두려워 참았고

더 참아야 했던 건 사람이 없었다는 어떤 시간 여행자의
독백 때문입니다 여행자가 남긴 **없었다**를 나는 풀고 싶습니
다

물렸던 하루가 너무 많아
오래된 모래에 지문이 생겨납니다

−「뒤척이는」 전문

  점(點)은 기하의 세계에서 가장 단순한 도형으로서 '위치'만 있다. 우리는 종이에 검고 작은 점을 찍음으로서 이것이 점이라고 생각하지만 아무리 작은 점이라도 그것을 확대하게 되면 실제로는 선이 존재하고 나아가 면이 되어버리기 때문이다. 거기에 우리의 공간은 3차원이므로 엄밀하게는 입체도형이라고 할 수 있다. 그래서 수학적으로 0차원의 위상을 갖는 점은 넓이도 길이도 크기도 없다. 점은 공간을 갖지 않지만 특정 위치를 지정할 수 있는 가상

의 개념, 관념적 대상인 것이다.

그럼에도 불구하고 점의 자취를 묻는 수학적 난제들 앞에서 우리는 값을 대입하며 수식에 따른 점의 이동 경로를 파악한다. 그것은 실제로 존재하지 않지만 자국을 남긴다. 예컨대 없음의 연속을 통해 있음을 증명하는 공집합의 연쇄인 것이다. 투명한 무상들이 모여 가능태로서 영원을 이룬다. 다시 말해 영원은 무상의 집합인 것이다.

시인의 생각은 여기에 있는 것 같다. 그렇다면 파혼은 파혼이 아니라 결혼일 것이고 끝은 끝이 아니라 시작일 것이다. 시작하기 위해 끝이 있고 끝을 위해 시작이 있듯이 시작과 끝은 서로 한몸처럼 붙어 있기 때문이다. "중력에 의해 서서히 떨어지는 모래의 부피"처럼 "두 개의 얼굴을 비빌 수 없는 나만의 심장"처럼 오래 참고 지고지순한 사랑은 어느새 "반복과 반목"으로 바뀌고 개화와 낙화의 과정은 무한히 "되풀이"된다. "지운 기억을 다시 지우"기 위해 더 선명해져야 하듯이 진정한 사랑을 깨우치기 위해서는 무수한 이별을 겪어야 할 것이다.

'없다'와 '있다'의 사이를 진자처럼 오가면서 뒤척이면서 '나'는 여기까지 왔다. '나'는 없음을 있음으로 이해하기 위하여 있음을 없음으로 이해하기 위하여, "끊어질 줄 모르는 그러나 들리지 않는 완벽한 소리"(「에어기타」)를 감상하고 연주하면서, "저녁을 불러와 불을 켜는 건 당김이 아니라 지움"(「덫」)이라는 것을 천천히 알아가는 중이다.

아이들이 신화를 그린다 아이들의 제국엔 흩뿌려진 옥상이 있고 아이들이 쓴 일기장엔 밀랍 날개가 녹아내리듯 주술이 풀리고 있다 잠언은 고백의 장에서만 이루어져 우리의 미안함이 지상의 안녕 속을 구른다 오래된 신화는 쉽게 다가오지만 누구도 들여다보지 않는다 그때마다 어깨를 맞대고 쓰다 만 일기장을 꺼내 거꾸로 들어 보인다 신들의 엷은 미소가 새소리에 놀라 흩어진다 신화 속 신들은 어느 별에도 살지 않아 아이들이 수많은 별들을 끌어안고 뛰어내린다 오래된 신화는 몇 번 죽어야 산다

아이들의 눈에 새로운 신들의 미소가 보이기 시작한다
―「몇 번 죽어야 할 신화」 전문

"아이들"은 신화를 그리고, "아이들의 제국"엔 옥상이 있고, "아이들이 쓴 일기장"엔 주술이 풀리고 있다. 여기서 아이들은 무언가를 해제하고 해체하고 해지할 수 있는 존재다. 아이들은 누구도 들여다보지 않는 오래된 신화와 부재중인 신들의 별과 미안함으로 이루어진 우리의 고해성사에 안녕을 고한다. 아이들은 교육과 전통의 계승을 거부하고 지상과 천상의 경계를 무화시키며 질서와 체계의 약속을 전복한다. 어느 별에도 아이들을 위한 신은 살지 않기에 마침내 아이들은 수많은 별들을 끌어안고 뛰어

내린다.

아이들의 투신은 비상으로, 오래된 신화는 새로운 역사로, 죽음은 탄생으로 읽히는 이 시의 서사는 죽음을 되풀이할수록 거듭나는 생에 대해 생각하도록 한다. 죽어야 사는 신화, 뛰어내려야 별이 되는 아이들, 눈에 보이지 않아야 미소 짓는 신, 이 역설의 패러다임은 임효빈이 계속해서 실험하는 '있음'과 '없음'의 작용 관계를 구도화하고 있다.

이러한 세계관을 증거하는 구절들은 시집 곳곳에서 볼 수 있다. 이를테면 「타나토라자의 축제」에서는 "죽음으로의 여행은 축제가 끝난 뒤 시작된다"라고 언급하고 있다. 죽음은 삶으로 지속되고 슬픔은 기쁨으로 치환되며 끝이 아닌 시작으로 전회한다. 토라자 부족이 장례를 축제로 부르듯이 '있음'과 '없음'은 마치 동전의 양면처럼 서로 다른 면이면서도 같은 면을 맞대고 있는 것이다. 끝은 단지 끝이기만 한 것이 아니라 다른 차원에서는 시작을 의미한다.

변치 않는 이름이 있을까요?

나를 맡겨도 될
단 한 번의 서명 같은

—「맡겨놓은 이름」 부분

「맡겨놓은 이름」에서 시인은 "모른 체"하고 "말없이 사라지"는 부질없는 관계들 속에서 누군가는 "살아나는 이름"을, 누군가는 "죽어가는 이름"을 붙잡고 있다. 그가 궁극적으로 갈망하는 것은 변치 않는 특별한 대상이고 그렇기에 특별한 언어로 호명할 수밖에 없는 고유한 이름이다. 그는 가변적이고 불완전한 세계의 트랙을 배회하며 "변치 않는 이름이 있을까요?"라고 묻고 "나를 맡겨도 될 단 한 번의 서명 같은" 이름을 기도한다.

4. 원작에 대한 오마주와 예술적 변용

"내 인생에 두 번의 대형 사고가 있었다. 하나는 전차 사고이며 다른 하나는 디에고이다. 두 사고를 비교하면 디에고가 더 끔찍했다."라고 회상했던 프리다 칼로를 기억한다. 그녀는 〈몇 개의 작은 상처〉(1935)라는 작품에서 발가벗겨진 채 남성에게 난도질 된 여인의 죽음을 그렸다. 오른쪽 발에 하이힐이 신겨진 그림 속 시신은 바로 칼로 자신이며 흉기를 쥔 채 그녀를 무감각하게 내려다보고 서 있는 남자는 디에고다. 칼로는 여성 편력이 있던 남편 디에고가 자신의 여동생까지 외도의 상대로 삼자 더없는 절망에 빠졌고 이로부터 받은 치명적인 상흔을 극단적인 살해 장면으로 표현했다.

그리고 이러한 그림을 그리게 된 배경에는 당시 사회적 이슈가 된 재판 중 남성이 자신의 연인을 칼로 찔러 죽인 사건이 있었다. 사랑 때문에 죽임당한 그녀를 두고 살인범은 법정에서 "칼로 몇 번 살짝 찔렀을 뿐입니다 스무 번도 안 된다고요"라고 진술했다. 이 후안무치한 태도는 칼로의 영혼을 갈가리 찢어놓는 무책임한 부정을 저지를 때마다 죄의식조차 갖지 않았던 디에고의 그것과 흡사했던 것이다.

시집 곳곳에는 많은 예술 원작에 대한 오마주와 예술적 변용이 있다. 로시니의 오페라 "세비야의 이발사"(「빌런을 위한 세레나데」)가 있고, 뭉크의 그림 "스크림"(「전용 스크린을 펼쳐 봐」)이 있고, 서머셋 몸의 소설 『달과 6펜스』(1919)를 바꾼 「당신의 밤은 6펜스」가 있다. 이 외에도 시인은 전방위 예술 장르를 두루 섭렵하며 많은 예술 작품이나 예술가들을 등장시킨다. 그것은 단지 원작의 아이디어를 빌려와 시인의 시 세계를 풍요롭게 하기 위한 것만은 아니다.

헤르만 헤세나 프리다 칼로의 위대한 예술성은 예술 작품의 완성도 그 자체에만 있는 것이 아니라 그들이 드라마틱한 자신의 삶마저도 예술의 고취를 위해 남김없이 바쳤다는 데에 있다. 사랑하고 증오하고 방황하고 슬퍼했던 그 모든 사건들과 예술가의 치부까지도 그들의 예술 안에 복기되었고 마침내 그 순도 높은 고통의 단면들은 역설적으로 예술과 하나 되어 삶과 예술이 일치하는 경이로운 미장센이 된 것이다.

시인이 추앙하는 것은 바로 이 점일 것이다. 삶이 예술로 승화되는 경지에 감복하며 삶과 예술을 하나로 일치시키고자 하는 시인의 염원이 많은 예술을 오마주하게 하고 시적으로 변용하도록 했을 것이기 때문이다. 그래서 이러한 시작법은 예술을 위해 모든 것을 헌신했던 예술가들에 대한 헌사, 예술지상주의 세계관의 반영으로 볼 수 있다.

슬픔을 익사시키려 했는데 이 나쁜 녀석들이 수영하는 법을 배워버렸어

파문이 있어야 고요한 것처럼
유리 파편 위로 깃털의 통점이 내려앉는다

완벽하게 낚여봐야 낚을 수 있다는 교본을 펼친다
—「깃털의 클리셰」 부분

"이 외출이 행복하기를, 그리고 다시 돌아오지 않기를"이라는 일기로 남은 프리다 칼로의 마지막처럼 시인은 자기 삶을 연소시키는 심정으로 시를 쓴 흔적이 역력하다. 그리하여 "시를 견뎠다/앞선 시인이 옥, 패, 경을 그렸듯 규와 은과 K를 곁에 둔다/사위지 않을 빛과 빛/나를 견뎌

야 할 시"(「시인의 말」)라고 썼을 것이다. 사위지 않을 예술에의 열망과 희망이 페이지마다 눈부시다. 자기 삶에 대한 계몽과 갱신의 시 쓰기는 바로 여기에서부터 시작되었을 것이다.

시인수첩 시인선 064

우리의 커튼콜은 코끼리와 반반

ⓒ 임효빈, 2023

초판 1쇄 발행 2022년 10월 31일
초판 2쇄 발행 2023년 6월 9일

지은이 | 임효빈
발행인 | 이인철

펴낸곳 | (주)여우난골
주   소 | 서울특별시 강남구 언주로30길 27. 606호 (도곡동 우성리빙텔)
전   화 | 02-572-9898
팩   스 | 0504-981-9898
등   록 | 2020년 11월 19일 제2020-000328호

블로그 | blog.naver.com/seenote
이메일 | seenote@naver.com

ISBN 979-11-92651-02-6   03810

이 시집은 한국문화예술위원회의 2021년도 아르코 문학창작기금 지원사업에 선정되어 발간되었습니다.

이 시집은 〈2023년 문학나눔 도서보급사업〉에 선정되었습니다.

* 파본은 구매처에서 바꾸어 드립니다.